D1732170

Sterne, Engel und Geschenke

Geschichten, Gedanken und Gedichte
für die Advents- und Weihnachtszeit

Aquarelle von Friederike Rave

Präsenz

© Präsenz Verlag
Gnadenthal, 65597 Hünfelden
Alle Rechte vorbehalten

Herausgeber: Erich Koslowski
Grafik: werkdruck - Thomas Hein & Präsenz Verlag
Druck: Beltz Bad Langensalza GmbH

ISBN: 978-3-87630-236-2
www.praesenz-verlag.de

Inhalt

Lasst uns gehen und die Geschichte sehen

Völlig anders als erwartet: Mit dieser Zeile aus dem Lied von Martin Buchholz beginnt nicht nur die vorliegende Textauswahl, vielmehr kann sie auch als das Motto dieser Sammlung gelten. Dahinter steht der Wunsch, dass sich in den einzelnen Geschichten, Gedanken und Gedichten eigenständige, überraschende und erfrischende Blickwinkel auf die vertraute Geschichte von der Geburt Jesu eröffnen mögen.

Der jüdischen Tradition verdanken wir die Wertschätzung der Erinnerung an die großen Taten Gottes. Wenn etwa an jedem Sederabend vor dem Pessachfest neu erklärt wird, was die einzelnen Symbole, Texte und Rituale zu bedeuten haben, dann hat zuvor ein Kind die Fragen danach gestellt. Kinder geben sich nicht so leicht zufrieden; ihre natürliche Neugierde, gepaart mit der Aufregung vor dem großen Fest, lässt sie fragen, nachbohren, weiterdenken. Was für ein Segen für uns alle, denen der Werbeglanz der Einkaufsstraßen den Blick auf das Licht der Welt verstellt! Weihnachten als das Fest der Familien kann seinen Reichtum umso mehr offenbaren, je bereitwilliger wir uns überraschen lassen von der völlig anderen Art Gottes: Sein Erscheinen unter den Menschen hätten wir so tatsächlich niemals erwartet – wenn wir nicht schon in sturer Gewohnheit die kindliche Gabe zu staunen verloren haben.

Die Autorinnen und Autoren dieser Text haben sich darin verbündet, das sehr menschliche Antlitz der Weihnachtsgeschichte auszumalen. Wir begegnen einer Mutter, die ihr Neugeborenes erlebt und darin Gott selbst erfährt; einem Kind, das sich mit leeren Händen dem Stall nähert und auf wunderbare Weise selbst beschenkt wird. Wir staunen über den Evangelisten Lukas und seine Kunst, uns erzählend mitten hinein ins Geschehen zu versetzen; über das menschliche Zweigestirn, welches den Stern von Bethlehem erst als Zeichen für den Friedefürst erstrahlen lässt. Wir bangen mit den Weisen und zweifeln mit Joseph. Kurzum, wir begegnen Menschen, die Gott in Jesus selbst begegnet sind. Und wenn es gelingt, dass wir auch uns in einer der Geschichten wiederfinden, dann ist Weihnachten, dann ist die Zeit erfüllt und Gott ist uns erschienen.

Es begab sich aber zu der Zeit …

Völlig anders als erwartet

Völlig anders als erwartet –
So kommt Gott zur Welt.
Überrascht uns mit sich selber,
Wie es ihm gefällt.

Dort im Stall: Das nackte Leben.
So zerbrechlich, zart und klein.
Hört den ersten Schrei des Kindes:
Gott wird mit uns sein.

Dort im Stall: Das nackte Leben.
Von der Nabelschnur getrennt.
Hört die Mutter leise flüstern,
Die das Kind beim Namen nennt.

Dort im Stall: Das nackte Leben.
Spürt die Windeln und das Stroh.
Seht die staunenden Gesichter:
Gott gefiel es so.

Völlig anders als erwartet –
So kommt Gott zur Welt.
Überrascht uns mit sich selber,
Wie es ihm gefällt.

Martin Buchholz

JESU GEBURT

Nach Lukas 2,1–21

Es begab sich aber zu der Zeit, dass ein Gebot von dem Kaiser Augustus ausging, dass alle Welt geschätzt würde. Und diese Schätzung war die allererste und geschah zur Zeit, da Quirinius Statthalter in Syrien war. Und jedermann ging, dass er sich schätzen ließe, ein jeder in seine Stadt.

Da machte sich auf auch Josef aus Galiläa, aus der Stadt
Nazareth, in das jüdische Land zur Stadt Davids, die da
heißt Bethlehem, weil er aus dem Hause und Geschlechte
Davids war, damit er sich schätzen ließe mit Maria,
seinem vertrauten Weibe; die war schwanger. Und als
sie dort waren, kam die Zeit, dass sie gebären sollte.

Und sie gebar ihren ersten Sohn und wickelte ihn in
Windeln und legte ihn in eine Krippe; denn sie hatten
sonst keinen Raum in der Herberge.

Und es waren Hirten in derselben Gegend auf dem Felde bei den Hürden, die hüteten des Nachts ihre Herde.
Und der Engel des Herrn trat zu ihnen, und die Klarheit des Herrn leuchtete um sie; und sie fürchteten sich sehr.

Und der Engel sprach zu ihnen:
Fürchtet euch nicht! Siehe, ich verkündige euch große Freude, die allem Volk widerfahren wird; denn euch ist heute der Heiland geboren, welcher ist Christus, der Herr, in der Stadt Davids.

Und das habt zum Zeichen:
Ihr werdet finden das Kind in Windeln gewickelt und
in einer Krippe liegen.

Und alsbald war da bei dem Engel die Menge der himm-
lischen Heerscharen, die lobten Gott und sprachen:
Ehre sei Gott in der Höhe und Friede auf Erden bei den
Menschen seines Wohlgefallens.

Und als die Engel von ihnen gen Himmel fuhren, sprachen die Hirten untereinander:
Lasst uns nun gehen nach Bethlehem und die Geschichte
sehen, die da geschehen ist, die uns der Herr kundgetan
hat. Und sie kamen eilend und fanden beide, Maria und
Josef, dazu das Kind in der Krippe liegen.

Als sie es aber gesehen hatten, breiteten sie das Wort aus,
das zu ihnen von diesem Kinde gesagt war. Und alle, vor
die es kam, wunderten sich über das, was ihnen die Hirten gesagt hatten.

16

Maria aber behielt alle diese Worte und bewegte sie in ihrem Herzen. Und die Hirten kehrten wieder um, priesen und lobten Gott für alles, was sie gehört und gesehen hatten, wie denn zu ihnen gesagt war.

Und als acht Tage um waren und man das Kind beschneiden musste, gab man ihm den Namen Jesus, wie er genannt war von dem Engel, ehe er im Mutterleib empfangen war.

Es begab sich aber

Was war das für eine Aufregung! Am 17. September 1998. In Padua. Am Prato della Valle. In der herrlichen Renaissance-Basilika Santa Giustina. Im linken Querschiff. – Dort öffneten nämlich einige Wissenschaftler vorsichtig … ganz vorsichtig … den Marmorsarkophag des Evangelisten Lukas. Um ein für alle Mal wissenschaftlich zu klären, ob die darin enthaltenen Gebeine tatsächlich zum bedeutendsten Geschichtenerzähler der frühen Christenheit gehören.

Und siehe da: Sie fanden in einer versiegelten Bleikiste das fast vollständige Skelett eines syrisch-orientalischen Mannes, der nachweislich vor rund 1900 Jahre starb. Und die DNA der 1,63 Meter großen Person stimmt sogar mit den Kopf-Reliquien des Lukas überein, die seit 1354 im Prager Veitsdom verehrt werden.

Nun, wenn das alles zusammenpasst, dann hatte der Mann, der voller Leidenschaft in der zweiten Hälfte des 1. Jahrhunderts die Geburtsgeschichte Jesu aufschrieb, Osteoporose, eine schwere Arthrose der Wirbelsäule und ein Lungenemphysem. Typische Altersgebrechen der damaligen Zeit eben. Interessant, oder? 1,63 Meter groß. Rückenschmerzen, Atemnot …

Ich stelle mir Lukas gerne vor, wenn ich die Weihnachtsgeschichte lese. Diesen ungewöhnlichen, engagierten Erzähler, der angeblich Arzt war und aus Antiochia stammt. Diesen Schwärmer und Missionar. In meiner

Phantasie ist er allerdings ein eher nachdenklicher Schreiber. Hochkonzentriert. Achtsam. Aber mit strahlenden Augen.

Na klar, für ihn hatte die Geburt Jesu ja nicht nur eine interessante Dramaturgie, die man schön nacherzählen konnte, nein, er empfand und erlebte die Ereignisse im Stall von Bethlehem als einen Wendepunkt der Weltgeschichte. Als den Wendepunkt. Als den Beginn von etwas ganz Neuem …

Deshalb ist sein markanter Anfangssatz „Es begab sich aber …" viel mehr als eine schriftstellerische Einleitungsfloskel, sie ist ein starkes Ausrufezeichen, oder – noch besser gesagt – ein Bekenntnis. Sein Bekenntnis. Wirklich! In diesen vier kleinen Worten steckt die gesamte Botschaft seines Lebens.

Denn mit diesem Jesus beginnt für den begeisterten Evangelisten ein neues Zeitalter. Eine Epoche, für die die Zeit reif war. Der Apostel Paulus nennt das einmal „Die Zeit war erfüllt." (Galater 4,4) Und woran man sieht, dass die Zeit reif war für eine neue Phase der Menschheit, überreif, das macht Lukas gleich an mehreren Dingen deutlich.

Die Zeit war reif. Denn Augustus war Kaiser. Ein als Gott verehrter Herrscher, der nicht bei seinem bürgerlichen Namen, sondern mit einem Ehrentitel gerufen wurde, „der Erhabene", und der durch sein Wirken angeblich das sagenumwobene goldene Zeitalter eingeläutet hatte. Der erhabene Wegbereiter einer neuen Epoche.

Die Zeit war reif. Darum ging ein „Dogma" aus, dass „die ganze bewohnte Erde geschätzt werde". Das hört sich vordergründig nach Volkszählung an, lässt aber viel Bedeutenderes anklingen: Da wurde die Menschheit noch einmal ganz neu in den Blick genommen und geachtet. So wie man heute noch sagt: „Ich schätze dich!" Nebenbei: Angeblich zählten die Statistiker im römischen Reich damals rund 60 Millionen Menschen.

Die Zeit war reif. Denn zum ersten Mal gab es rund um das Mittelmeer ein riesiges, einheitliches Staatsgebiet, in dem die Menschen fast alle die gleiche Sprache beherrschten, das Griechische, und in dem es ein hervorragend ausgebautes Verkehrswegenetz gab, mit dessen Hilfe die Botschaft von der grenzenlosen Liebe Gottes blitzschnell von Ort zu Ort getragen werden konnte.

„Es begab sich aber ..." – das ist nach heutigem Verständnis eine Frechheit sondergleichen, eine charmante Unverschämtheit. Ja, für Lukas sind die großen Fürsten der damaligen Zeit nämlich nichts anderes als willige Handlanger der viel größeren Gottesgeschichte. Dienstboten einer himmlischen Erfüllung. Vom Herrn der Welt gesteuerte Marionetten, die – ohne es zu wissen – die Menschheit auf das Gotteskind vorbereiten.

Unfassbar! Dass Gott auf die Erde kommt, in menschlicher Gestalt, das war für Lukas eine Sensation, die er genau als solche verkünden wollte: „Hört ihr: In unsere Gesellschaft, die immer mehr von der Sünde beherrscht wird, bricht die einzigartige Gnade des Himmels als befreiende Urgewalt hinein und fegt alle Ängste hinweg." Plötzlich gab es eine Dimension des Heils, die der Schöpfung vorher so nicht vertraut war.

Und was macht man, wenn man so etwas erfährt? Ganz einfach. Man macht es wie Josef: Man macht sich auf. „Da machte sich auch auf Josef …" Die ganze Kindheitsgeschichte Jesu ist eine liebevolle Einladung, sich aufzumachen. So wie die Heilige Familie, wie die Engel, wie die Hirten … Das, was da im Stall geschieht, das darf man nicht nur konsumieren, das muss man erleben. Da muss man dabei sein. Das wird erst konkret, wenn man es am eigenen Leib und an der eigenen Seele erfahren hat.

Tja, und wer von dieser Sensation im Stall berührt wird, von der Mensch gewordenen Liebe Gottes, der kann dann wie der syrische Geschichtenerzähler Lukas, wenn er von Jesus erzählt, zugleich von seiner ganz eigenen Zeitenwende berichten: „Es begab sich aber …"

Ich würde mich gerne mal mit diesem zutiefst berührten und berührenden Evangelisten unterhalten. Obwohl … wenn ich seine Texte lese, tue ich das ja.

Fabian Vogt

Da machte sich auf …

EINE MUTTER

Der Boden unter ihren Füßen schwebt. Ein feines Schaukeln und leises Trampeln. Seit vielen Tagen sind sie schon von Nazaret nach Bethlehem unterwegs. Alle Welt ist in diesen Tagen unterwegs, jeder in sein Heimatland. Kaiser Augustus will sein Volk zählen. Weder Maria noch Joseph haben etwas im Magen. Schwacher Wind im Gesicht. Der Esel trabt müde von der langen Reise voran, lässt den Kopf hängen. Nirgends ein Ankommen. Schüttelnde Köpfe. Nein, nein, erklingt es ein Dutzend Mal. Die junge Frau namens Maria weiß nicht, wie sie die Wehen noch ertragen soll. Joseph tröstet sie. Es wird schon gehen, Gott wird uns helfen. Maria klagt innerlich. Wo ist Gott, wenn er mir hier nicht hilft in dieser Stunde? Unwegsamer Boden, leises Stöhnen, erschöpfter Blick. Was ist Heimat, fragt sie sich insgeheim. Ankommen, Willkommen oder in dieser einen Nacht einfach nur eine Stelle für die Niederkunft? Gedankenverloren betrachtet sie die Mähne des Esels. Das Klagen macht einem anderen Gedanken Platz. Es ist also doch wahr, was der Engel Gabriel gesagt hat: „Du wirst schwanger werden und einen Sohn gebären, dessen Name Jesus sein soll."

Joseph streichelt dem Esel geduldig über die Mähne. Ja, mein Guter, wir sind bald da. Bald. Ein unwegsames Wort, genauso unsicher wie das steinige, trockene Gelände. Das Knirschen unter den Füßen klingt nachts

milder als am Tag, findet er. Noch eine Wehe, Maria krümmt sich. Da, ein Haus! Nein, sagt der Gastwirt unwirsch nach dem Öffnen der Tür. Wir haben kein Bett mehr. Aber da, der Stall. Seht dort! Ein Ziehen und Stoßen in ihrem Leib. So ein ungeduldiges Kind, denkt Maria. Es will geboren werden. Ankommen. Maria denkt an die Worte des Engels: „Der Heilige Geist wird über dich kommen und die Kraft Gottes wird dich überschatten." Gerade da im Staub, im Nichts, wo die Menschen kein freies Bett mehr haben, soll Gott bei ihr sein? Ist ein Stall gut genug für den Sohn Gottes? Mutter und Kind könnten auch auf Stroh schlafen, meint der Gastwirt und gähnt. Maria krümmt sich unter Schmerzen. Sie legt sich hinein ins warme Stroh. Endlich.

Mühsame Stunden folgen. Die Wehen fordern die junge Frau aufs Äußerste. Joseph gibt ihr Wasser zu trinken und kühlt ihr die Stirn mit einem Tuch. Maria zittert vor Anstrengung. Wann kommt das Kind endlich? Dauert es noch? Joseph nickt. Nur Mut, nur Mut. Es wird alles gut werden. Ich bin hier, ich gehe nicht fort. Hab keine Angst. Maria weint erschöpft, als das Kind in ihren Armen liegt. Ein Junge ist es – so wie der Engel es ihr prophezeit hatte. Es war also doch kein Traum gewesen! Das Kind saugt an der Brust, atmet die Wärme der Schafe ein, zieht seine Fäustchen an den kleinen, nackten Leib. Der Esel schläft dankbar erschöpft. Müde schließt sein Meister die Augen. Die Mutter küsst den wohlriechenden Haarschopf des Kindes zärtlich und zögernd, immer wieder aufs Neue. Aufmerksam legt das Kleine seine lebendigen Augen auf ihr Gesicht und strampelt. Herrliche Kinderaugen. Er soll Jesus heißen, sagte der Engel, der kein Traum war. Jesus. Sein Händchen auf ihrer Wange. Ihr schwindelt vor Glück. Ich bin eine Mutter, denkt sie. Endlich. Und nichts ist zwischen ihnen. Da, im Stall, wo das Licht nicht ausreicht und allein die Zuneigung die Nacht erhellt.

Iris Muhl

JESUS BEN JOSEF

Lieber Josef von Nazaret,

der Evangelist Matthäus gebraucht zu Beginn seines Evangeliums und vor der Verkündigung des Engels genau 39 Mal das Wort „zeugen", womit er Deine königliche Abstammung aufzeigt. Wer zeugte wen – beginnend bei Abraham bis hin zu Deinem Vater. Aber das 40ste Mal, eine bedeutungsvolle Zahl, die in der Bibel oft Wende und Neubeginn kennzeichnet, das blieb Gott selbst, dem Heiligen Geist vorbehalten, nicht Dir.

Aber der Eindruck ist wohl trotzdem entstanden, dass es Dein Sohn ist, der Jesus. Die Evangelisten Lukas und Johannes erzählen von vier Begebenheiten, wo das Volk staunend fragte: „Ist das nicht Jesus, der Sohn Josefs, dessen Vater und Mutter wir kennen?"

Maria wusste ja so sicher, wie man, wie frau nur sein kann, dass ihr Kind von keinem Mann gezeugt wurde. Aber Du? Du hattest sie ja noch nicht zu Dir genommen. Was weißt Du schon? Sind das nicht vielleicht alles Hirngespinste? Die Sache mit dem Heiligen Geist, Dein Traum vom Engel oder Engel im Traum? Kann man sich wirklich sicher sein? Du schon!

Denn die ganze Geschichte des Engels ist an *sich* aberwitzig, aber *in* sich völlig schlüssig und glaubwürdig.

Sie ist typisch für Gott, den Wundertäter, den Heilsbringer, der sein Volk aus Ägypten geführt hat, der Manna vom Himmel fallen und Jerichos Mauern einstürzen ließ. So ist er. So kanntest Du ihn schon. Und deshalb hast Du ihm und seinem Boten geglaubt, weil Du Deinen Gott schon kanntest und wusstest: Er kann es so tun oder anders. Aber sein Ratschluss gilt und Du stellst dich darunter, auch mit Deinem Glauben.

Schließlich nimmst Du Maria zu Dir. Das hatte der Engel nicht befohlen, aber die Angst hat er Dir genommen – „fürchte dich nicht", hat er gesagt, trotz der Schande, die durch ihre Schwangerschaft auf Deine ganze edle Herkunft kommen würde.

Du nimmst sie zu Dir – und rührst sie nicht an. Ihr hättet ja irgendwie vortäuschen können, dass das Kind doch von Dir ist... Habt ihr nicht. Um Gottes Willen. Welche Demut!

Wie muss Maria Dich geliebt haben! Du hast ihr die öffentliche Schande erspart. Sie hätte gesteinigt werden müssen und Du hättest den ersten Stein werfen dürfen. Ich glaube, dass es ihr deshalb auch leicht fiel, Dir zu vertrauen, wenn Du sie – mal wieder – mit der Nachricht geweckt hast: „Wir müssen los, der Engel war wieder da. Pack Deine Sachen und – unser Kind." Sie konnte Dir vertrauen, weil Du Dich bedingungslos an ihre Seite gestellt hast, neben sie, vor sie, hinter sie.

Kann man fragen, wie wichtig ein Mensch in Gottes Heilsplan ist? An zwei Stellen berichtet Matthäus davon, wie ein Engel zu Dir spricht und Deine Frau namenlos bleibt: „Nimm das Kind und seine Mutter...", heißt es da. Die beiden haben Dich später in ihrer Bedeutung für uns weit abgehängt, wenn man so sagen darf. Aber hier kam es allein auf Dich an. Du warst der Angesprochene, der Gefragte, der Handelnde. Du hast diese Aufgabe souverän erledigt. Und das meint noch viel zu wenig.

Zwar stehen bei Dir nicht die großen, salbungsvollen Worte da, die Deine Frau Maria so berühmt gemacht haben: „Siehe, ich bin die Magd des Herrn. Es geschehe mir nach deinem Wort." Aber: Du stehst auf und gehst – und sei es mitten in der Nacht. Du gehst auf das Wort des Boten Deines Gottes hin. Mit Frau und später mit Frau und Kind. Du weißt immer genau wohin. Du zögerst nicht. Du marschierst gleich los. Das bewundere ich. Was für ein Glaubensgigant, was für ein Charakterhüne Du bist!

Du tauchst auf, als hättest Du schon immer in dieser großen Gewissheit des Glaubens gelebt, und verlässt die Bühne ebenso rasch wieder: Bei Matthäus nach dem 2. Kapitel, bei Lukas nach dem 4., und bei Johannes wirst Du immerhin noch im 6. Kapitel erwähnt, eher wie eine Erinnerung an vergangene Tage. Markus scheint gar nie von Dir gehört zu haben. Demut auch in der Überlieferung. Vermutlich entspricht es Dir. Du hast Maria in der Christengeschichte den ganzen Raum gelassen.

Und doch brauchte Gott nicht nur unbedingt die Magd Maria, sondern er wählte sie ganz sicher auch wegen Dir aus und dachte: „Das kann sie schaffen mit diesem Josef an ihrer Seite."

Gewissheit hast Du, wenn es eng wurde, immer wieder gewonnen. Noch zweimal, vermutlich sogar dreimal haben Dich Engel besucht. Immer im Traum, nicht leibhaftig wie bei Maria. Aber das hat gereicht, um Dich in Bewegung zu bringen, nach Ägypten und wieder zurück. Und nicht irgendwo nach Israel, sondern auf einen neuerlichen Befehl hin nach Galiläa, nach Nazaret. So schreibt zumindest Matthäus. Lukas nahm wohl an, dass Du dort schon vorher mit Maria gewohnt hattest.

Du bist von königlichem Geblüt, in direkter Linie stammst Du ab von Abraham, Isaak, Jakob, bist ein Gewächs aus der Wurzel Jesses, Davids und Salomos. Ja, Du bist ein Sohn Davids, bekommst diesen Ehrentitel vom Engel persönlich – also von Gott selbst. Auch Jesus wird so genannt werden, Sohn Davids, Sohn Gottes – Sohn Josefs.

Erich Koslowski

Ein Baby wird geboren

Ich betrachte meinen kleinen, drei Monate alten Sohn. Er schläft – ganz ruhig und gleichmäßig geht sein Atem. Seine Gesichtszüge sind friedlich und seine Hände liegen entspannt neben den Ohren. Im Schlaf huscht ab und zu ein Lächeln über sein Gesicht, so als würde er etwas Wunderbares träumen. Er kennt noch keine Angst und schläft im tiefen Urvertrauen, dass er behütet wird. Und während ich ihn so betrachte muss ich an Jesus Christus denken. Jesus, der genauso klein und hilflos auf die Welt gekommen ist wie mein Sohn. Unfähig für sich selbst zu sorgen, ganz auf die Hilfe und Fürsorge von Josef und Maria angewiesen. Seine Wahrnehmung, seine Koordination, seine Beziehungsfähigkeit – alles ist ebenso langsam herangereift, wie ich es bei meinem Sohn beobachten kann.

Da war kein Herrscher, kein König, als die Hirten zum Stall kamen. Nein. Sie kamen um ein Kind anzubeten. „Sie gingen in das Haus und sahen das Kind und Maria, seine Mutter; da fielen sie nieder und huldigten ihm." (Matthäus 2,11) Seit unser Sohn auf die Welt gekommen ist, können mein Mann und ich uns besser vorstellen, wie das möglich war. Denn immer wieder verlieren wir uns in der Beobachtung unseres Kindes. Wir staunen und spüren ein inneres Entzücken. Es ist nicht schwer einem Kind zu huldigen, ihm die Treue zu versprechen. Und ein Kind ist so wehrlos. Es kann ohne Vater und Mutter in dieser Welt nicht bestehen. Wenn ich meinen

Sohn so betrachte, trifft es mich tief ins Herz, dass Jesus, der Sohn Gottes, sich derart ausgeliefert hat. Er hat sich ganz und gar in menschliche Hände gegeben. Und von Anfang an war sein Leben bedroht – weit mehr als durch die reine Hilflosigkeit des Kindseins. König Herodes trachtete ihm nach dem Leben, kaum dass es begonnen hatte. Da griff Gott Vater ein, damit sein Sohn nicht bereits im Säuglingsalter abgeschlachtet würde: Ein Engel warnte Josef im Traum, und dieser floh mit Maria und Jesus nach Ägypten. Aber ohne seine Eltern wäre es um Jesus geschehen gewesen. Er hätte nichts unternehmen können, wäre schon als Kind getötet worden. Mich beeindruckt das Vertrauen, das Gott in Maria und Josef gelegt hat. Er hat ihnen seinen Sohn anvertraut. Mich verblüfft ja bereits, dass Gott meinem Mann und mir ein solches Vertrauen entgegenbringt, indem er uns einen Sohn geschenkt hat. Aber auch seinen eigenen Sohn, den einzigen, vertraut Gott zwei Menschen an. Als abhängiges, hilfloses Baby liefert er seinen Sohn aus. Vollständig. In seinem Tod am Kreuz schließt sich dann der Kreis, als Jesus sein Leben hingibt für uns, sich ausliefert. Er tut es aus freien Stücken, zu unserem Heil.

Und noch ein Aspekt erschließt sich mir neu. Denn die Art und Weise, wie Gottes Sohn auf die Welt gekommen ist, entspricht seiner gesamten Lehre: Liebt einander. Denn nichts ist einfacher als ein Kind zu lieben. Ein Baby ruft in den Menschen eine ungeahnte Liebesfähigkeit hervor. Es erfordert vollständige Hingabe und Zuwendung. Und will Gott nicht genau das von uns Menschen? „Darum sollst du den Herrn, deinen Gott, lieben mit ganzem Herzen und ganzer Seele, mit all deinen Gedanken und all deiner Kraft." (Markus 12,30) Nie fällt uns diese Art zu lieben leichter, als bei einem Kind. Gott weiß das. Und darum hat er seinen Sohn als Baby in diese Welt gesandt.

Marie-Sophie Maasburg

Und der Engel des Herrn
trat zu ihnen ...

ENGELSGEBET

Engel für unsere Kinder.
Weihnachtsengel, Friedensengel,
Him- und Erdbeerengel.
Und eine ganze Gang
aus Pippi-Langstrumpf-Engeln.
Für innere Stärke, Fantasie,
Mut und Unbestechlichkeit.

Engel für unsere Kinder.
Damit sie beherzt voran gehen,
die Welt beschenken,
die Kleinen zum Lachen bringen,
den Bösen den Teppich unter den Stiefeln
wegziehen,
Lollis verteilen und uns überraschen.

Engel für unsere Kinder.
Und für diese Welt.
Segensengel,
dass sie nicht uns,
sondern Dir und den Kindern gefällt. Amen.

Christina Brudereck

43

Tommys Brief ans Postamt

Tommy freute sich gar nicht auf Weihnachten. Es war für jedes einzelne Mitglied seiner Familie ein sehr schweres Jahr gewesen, und es gab nicht das geringste Anzeichen, dass es in nächster Zukunft besser werden würde.

Als Weihnachten immer näher rückte, fingen alle anderen Kinder in Toms Schulklasse an davon zu reden, was für einen Spaß sie haben und was sie alles spielen würden, was es Leckeres zu essen geben würde und welche Geschenke sie machen und bekommen wollten. Tom versuchte einzustimmen, aber es machte ihn nur traurig. Schließlich dachte er sich Ausreden aus, um sich ans andere Ende des Spielplatzes zurückzuziehen oder hinaus zur Toilette zu gehen, wenn es kalt und regnerisch war und die Klasse während der Pause drinnen bleiben musste. Am liebsten hätte er gar nicht über Weihnachten nachgedacht, so sehr regte es ihn auf.

Als er an einem Wochenende zu Hause in seinem Zimmer saß und Hunger hatte, weil es nicht viel Geld für Essen gab, und fror, weil die Heizung abgestellt worden war, nachdem seine Eltern die Stromrechnung nicht hatten bezahlen können, beschloss er, dem Weihnachtsmann einen Brief zu schreiben, um ihm zu erklären, was für Probleme seine Familie hatte, und ihn um ein wenig Hilfe zu bitten. In diesem Brief schrieb er Folgendes:

Lieber Weihnachtsmann,

ich weiß nicht, ob du diesen Brief jemals bekommen wirst, aber danke fürs Lesen, falls doch. Falls nicht, mach dir keine Gedanken. Ich schreibe dir, um dir mitzuteilen, dass es bei uns zu Hause ziemlich mies läuft. Mein Papa war sehr krank und hat sein ganzes Geld verloren, weil sein bester Freund, mit dem er zusammengearbeitet hat, an einen Ort namens Südamerika abgehauen ist und Papas ganzes Geld mitgenommen hat. Jetzt geht es Papa so schlecht, dass er nicht arbeiten kann, und darum hat er kein Geld für Weihnachten. Mami würde ja arbeiten gehen, aber sie hat sich weh getan, als sie über Papa stolperte, als er verzweifelt auf der Treppe saß, und man hat ihr gesagt, dass sie sich hinlegen muss und sich sechs Wochen lang nicht bewegen darf. Mein Bruder hatte einen guten Job, aber vor zwei Wochen hat man irgendwas mit ihm gemacht, »rationalisiert« oder so, und jetzt hat er einen Haufen Schulden, die er nicht abzahlen kann, weil er nichts mehr verdient, und muss sich verstecken. Unser Hund ist krank und müsste behandelt werden, aber wir können uns keinen Tierarzt leisten, und unser Dach hat ein Loch und im Wetterbericht haben sie gesagt, es gibt Regen.

Bitte, könntest du uns hundert Pfund schicken, damit wir wenigstens ein bisschen nett Weihnachten feiern können?

Alles Liebe - Tommy

Als Tommys Brief im Postamt ankam, adressiert an den Weihnachtsmann, Grönland, machte ihn einer der Männer, die in der Sortierung arbeiteten, auf und zeigte einigen seiner Freunde, was Tommy geschrieben hatte.

„Guckt mal, Jungs", sagte er, „der kleine Bursche hier braucht ein bisschen Hilfe. Wollen wir nicht im Büro eine kleine Sammlung halten und ihm das Geld schicken? Seine Adresse steht auf dem Brief; wir können ihm das Geld also einfach so schicken, als käme es vom Weihnachtsmann. Was meint ihr?"

Diese Idee fanden alle großartig. Bis zum Abend hatten sie achtzig Pfund gesammelt, die sie Tommy schicken wollten. Am nächsten Morgen steckte einer von ihnen es ihm durch den Briefschlitz, zusammen mit einem kleinen Zettel, auf dem stand: „Bitte sehr, Tommy. Alles Liebe, dein Weihnachtsmann."

Zwei Tage später erreichte das Postamt ein weiterer Brief an den Weihnachtsmann, Grönland. Die Postbeamten öffneten ihn rasch, begierig, Tommys Dankesbrief zu lesen. Sie lasen Folgendes:

Lieber Weihnachtsmann,
hab ganz herzlichen Dank für das Geld. Ich habe zwar nur achtzig Pfund davon bekommen, aber du weißt ja, was das für räuberische Halunken auf dem Postamt sind
…

Adrian Plass

WIR HABEN SEINEN STERN GESEHEN ...

Der Stern von Bethlehem

Der alte Mann nahm die schwere Umhängetasche ab, setzte sich auf die Bank und begann, in aller Ruhe seine Ausrüstung auszupacken: eine Kamera, zwei Objektive, ein Stativ. Er ging konzentriert vor. Angelockt von dem Fremden sammelten sich einige Leute auf dem Platz. Aber dass man ihn beobachtete, schien er nicht zu bemerken, oder es störte ihn nicht. „Was will denn dieser Fotograf hier?", flüsterte es. Die Erwachsenen schüttelten den Kopf. „Vielleicht will er ein Bild von der Mauer machen?", meinte einer. „Das wäre aber kein schönes Bild", protestierte ein anderer. „Ausgerechnet zu Weihnachten?", fragte der Nächste. „Er ist ein Fremder. Woher er wohl kommt?", wollte einer wissen. „Er soll bloß aufpassen, dass ihn die Soldaten nicht entdecken", wurde gewarnt. Sie wandten sich einer nach dem anderen ab und gingen weiter. Nur die Kinder blieben und näherten sich neugierig der Bank. Der alte Mann saß da. Die Sonne hatte den Himmel zum Abschied dieses Tages in ein sattes Orange getaucht. Fasziniert betrachtete der Fotograf die warmen Farben. Als er sich mit einem Ruck umdrehte, sprangen die Kinder erschrocken auf. Mit großen Augen guckten sie den alten Mann an.

„Was willst du denn fotografieren?", fragte ein kleines Mädchen mit auffallend hellen Haaren. Der alte Mann beugte sich hinunter zu den Kindern, als wolle er ihnen ein Geheimnis anvertrauen. Sie rückten näher.

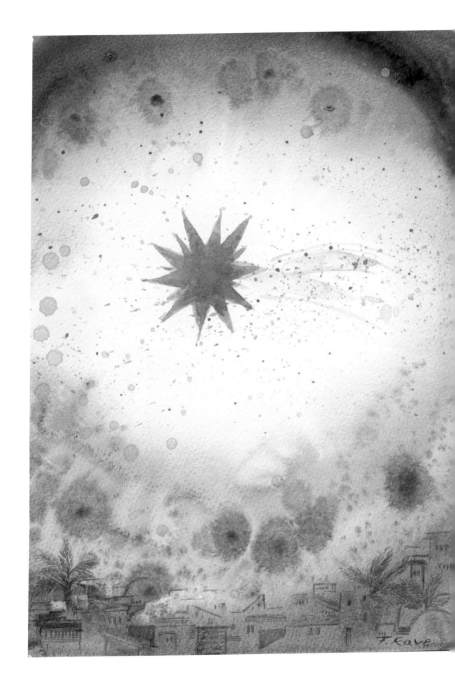

Der Fotograf legte Ehrfurcht in seine Stimme, als er ihnen anvertraute: „Ich möchte den Stern von Bethlehem fotografieren."

Die Blicke der Kinder gingen nach oben zum Himmel. „Wo ist er denn?", fragten sie. Nur das blonde Mädchen suchte seinen Blick. „Ich bin Tara. Hier aus Bethlehem. Tara bedeutet Stern." Sie sah ihn triumphierend an, strahlte über das ganze Gesicht. Der fremde Fotograf guckte durch den Sucher in Richtung der Kinder. Sie juchzten und posierten. Er machte ein paar schnelle Bilder. Dann suchte er den Himmel ab. „Er ist strahlend hell, weil zwei verschiedene Sterne sich begegnen", raunte er, senkte die Kamera wieder und blickte Richtung Mauer.

Im selben Moment war ein Soldat bei ihm und schrie ihn an: „Keine Fotos am Grenzübergang, verstanden?" Sein Blick auf die Kinder war voller Abscheu. Ungeschickt langte er nach der Kamera, aber der alte Mann wich ihm aus und machte ein paar beruhigende Gesten. Der Soldat schimpfte: „Weg hier! Sie dürfen hier nicht fotografieren." Der Fotograf wusste, dass er verloren hatte. Resigniert winkte er den Kindern zu und ging Richtung Grenzübergang. Man nahm ihm den Film aus der Kamera. Eine Soldatin lächelte ihn an. „Sie müssen vorsichtiger sein." Erstaunt über ihre Freundlichkeit, suchte er nach ihrem Namensschild und stutzte. „Sie heißen Esther?" Sie nickte. „Ja, Esther. Das bedeutet Stern." Der

Fotograf flüsterte: „Ich weiß. Und der von Bethlehem ist so hell, weil zwei verschiedene Sterne sich begegnen." Die Soldatin guckte irritiert. Er sagte: „Würden Sie mir einen Gefallen tun? Dürfte ich Sie fotografieren? Mit einem der Mädchen von der anderen Seite? Bitte!"

Christina Brudereck

LICHTMOMENTE

Klar
Das Licht
Auf den suchenden Augen

Wo keine Angst ist
Wird Dunkelheit
anschmiegsam

Seufzen
Will niemand
Wenn der Stern flüstert

Da reiten sie
Drei an der Zahl
Entlang dem Sternenlicht

Gold, Weihrauch und Myrrhe am Sattel
Die Tiere durstig
Kluge Forscher zweifelnd

Glänzende weise Worte
Seht! Dort!
Fallen auf Sand

Das Licht zieht sie
Geraden Weges auf einen Stall
Als wären sie blind

Gottes Sohn, da?
Fragende Blicke
Zagend

Schimmernder Stern
Im Schwarz
Furchtloser Freund

Sie glauben und finden
Gott in neuem Licht
So klein, ein Menschlein

Das neugeborene Kind
Es atmet schwer
Die Welt

Zart und bewegt im Stroh
Zitternde Stimmen forschen
Du?

Iris Muhl

Die „heiligen drei Könige"
„Wir sind gekommen, ihn anzubeten" – das war das Motto des Weltjugendtages 2005 in Köln, der Stadt, die sich rühmt, die Reliquien der Heiligen Drei Könige aufzubewahren. Dabei waren es nach Matthäus weder Heilige noch drei, noch Könige. Lediglich das Motto wird vom Evangelisten überliefert: „Wir sind gekommen, ihn anzubeten." Was waren das für geheimnisvolle Leute, von denen Matthäus erzählt (Kapitel 2,1-12) und aus denen die Volksfrömmigkeit drei heilige Könige mit Namen Caspar, Balthasar und Melchior gemacht hat und die als solche bis heute unsere Krippenfiguren ergänzen und bereichern?

Sterndeuter aus dem Osten
„Sterndeuter aus dem Osten" werden sie genannt. Für Juden schwang in dieser Bezeichnung nichts mit von Glanz und Pomp. Für sie galt die Regel: Wer nicht Israelit ist, der ist Diener der Planeten und des Sternkreises. Und das war eine abfällige Bemerkung! Heiden waren das, Ungläubige, Wahrsager, die den Geschöpfen huldigten anstelle des Schöpfers. In ihrem Land dagegen – unter dem Osten ist vermutlich das Zweistromland zu verstehen, wo schon seit den Tagen der Sumerer und Babylonier die Beobachtung der Gestirne gepflegt und zu beachtlicher Präzision entwickelt worden war –, in ihrem Land und zu ihrer Zeit waren sie

vermutlich angesehene und geachtete Wissenschaftler. Die Babylonier erwarteten seit alters einen Heilskönig aus dem Westen. Die Römische Geschichtsschreibung berichtet von einem gewissen Tiridates, einem Magier-König der Parther, der im Jahre 66 zu Kaiser Nero nach Rom gezogen kam, weil die Sterne das Erscheinen des Weltkönigs angedeutet hatten. Die Männer bei Matthäus zogen nach Judäa. Vielleicht war im Osten das uralte Wort des Sehers Bileam noch nicht vergessen: „Ein Stern wird aufgehen aus Judas Stamm" (4 Mose 24,17).

Der Geburtsstern Jesu

Dieser Stern hatte sicherlich nicht acht goldene Zacken und einen gebogenen Schweif, wie ihn unsere Sternsinger heute mit sich führen. Aber muss er deshalb Legende sein? Seit langem gilt es als erwiesen – und neueste Untersuchungen haben diese Berechnungen bekräftigt –, dass im Jahre 7 v. Chr. eine Planetenkonjunktion eintrat: Jupiter und Saturn begegneten sich im Sternbild der Fische und blieben lange in relativer Nähe zueinander. Das muss schon mit bloßem Auge zu sehen gewesen sein und war sicherlich ein besonderes Schauspiel. Nun hatten aber die Sterne für die Alten eine besondere Bedeutung, sodass ihre Begegnung für sie einen Hinweis enthielt. Jupiter galt als der Königsstern, Saturn dagegen als Stern Palästinas. Auch das Sternbild der Fische wies nach Judäa. So konnte man aus der Konstellation die Botschaft herauslesen: In Juda ist ein neuer König erschienen. Im Jahre 7 v. Chr. soll Christus geboren sein? König Herodes spielt in der Erzählung des Matthäusevangeliums eine traurig herausragende Rolle: Er lässt nach dem Besuch der Weisen alle Kinder bis zum Alter von zwei Jahren töten. König Herodes starb allerdings im Jahre 4 v. Chr.. Unsere Zeitrechnung beruht bis heute auf den im sechsten Jahrhundert angestellten Berechnungen des Mönches Dionysius Exiguus, der rückwirkend auf das Geburtsjahr Jesu schließen wollte. Wir dürfen davon ausgehen, dass er in seiner Rechnung etwas zu kurz gegriffen hat.

Zweierlei Könige

In der Erzählung des Matthäus werden sowohl Herodes als auch der neugeborene Jesus Könige genannt. Doch welch ein blutiger Tyrann war der Erste! Herodes war kein Israelit, sondern Idumäer (Edomiter). Das war natürlich in jüdischen Augen ein erheblicher Makel. Er hatte in die makkabäisch-hasmonäische Königsfamilie eingeheiratet und anschließend alle Verwandten seiner Frau umgebracht, zuletzt sie selbst, ebenfalls um möglichst jede Konkurrenz für den Königsthron auszuschalten. Auch vor der Ermordung einiger seiner eigenen Söhne schreckte er nicht zurück. Natürlich wusste er von der Hoffnung Israels auf einen Messias, einen neuen König, der Frieden, Freiheit und Gerechtigkeit bringen sollte. Für ihn war das ein Albtraum, die große Angst seiner letzten Lebensjahre. Jede Regung der

Hoffnung in Israel überwachte er ängstlich und zertrat rücksichtslos alle, die seiner Herrschaft hätten gefährlich werden können. Seine Furcht vor dem leicht erregbaren nationalen Bewusstsein der Juden erstickte er im Blut seiner Untertanen.

Merkwürdig: Die Schriftgelehrten wussten genau, wo der Messias geboren werden sollte, aber keiner ging hin. Die Fremden fanden den Weg. Die Grausamkeit des Herodes wird die Gelehrten in Bann gehalten haben. Oder waren sie zu stolz, um sich von diesen buchstäblich „dahergelaufenen" Heiden den rechten Weg weisen zu lassen?

Krippe und Kreuz

Nun erzählt Matthäus alles ganz schnell: Sie gehen, finden das Kind, fallen nieder und beten an. Dieses Auf-die-Knie-Fallen ist die Geste der Huldigung. So ehrte man den König oder den Kaiser, so huldigte man Gott. Proskynese nennen das die Griechen, Matthäus reserviert dieses Wort ausschließlich für die Huldigung Jesu: In der Erzählung von den Weisen und ganz am Ende des Evangeliums. Beim österlichen Abschied von Jesus auf dem Berg in Galiläa „fielen die Jünger vor ihm nieder" (Matthäus 28,17).

Auf diese Weise schließt Matthäus den ganzen Evangelienbericht ein in die Anbetung. Dieses Stilmittel des Evangelisten, inclusio genannt, Einschluss, wendet er ein zweites Mal an: Die Weisen suchen den „König der Juden", und am Ende wird dieser Titel über dem Kreuz stehen: „Jesus von Nazaret, König der Juden" (Matthäus 27,37). Damit bezeugt Matthäus, wer der wahre König ist und wem wirklich Anbetung zukommt.

Die ganze Welt an der Krippe
Die Weisen aus dem Osten holen ihre Schätze hervor und schenken dem Kind Gold, Weihrauch und Myrrhe. Das sind wertvolle Gaben, königliche Geschenke. In Psalm 72 lesen wir: „Die Könige von Tarschisch und von den Inseln bringen Geschenke, die Könige von Saba und Seba kommen mit Gaben. Alle Könige müssen ihm huldigen, alle Völker ihm dienen ... Er lebe, und Gold von Saba soll man ihm geben!" Und in Jesaja 60 heißt es: „Völker wandern zu deinem Licht und Könige zu deinem strahlenden Glanz ... Alle kommen von Saba, bringen Weihrauch und Gold und verkünden die ruhmreichen Taten des Herrn." Diese Bibelstellen klingen im Bericht des Matthäus deutlich an. Zwar verzichtet er hier auf ein ausdrückliches Erfüllungszitat, aber jeder jüdische Leser muss den Zusammenhang zwischen diesen Schriftstellen und der von Matthäus erzählten Anbetung der Weisen verstanden haben. Vielleicht geht es darauf zurück, dass aus den Weisen in der Volksfrömmigkeit Könige geworden sind.

Matthäus jedenfalls macht dadurch deutlich, dass jetzt die Zeit gekommen ist, da alle Völker, vertreten durch die Weisen, den König der Welt finden und anbeten werden. Wenn sie in der Legende mit unterschiedlicher Hautfarbe versehen wurden, unterstreicht das nur, dass

diese Pointe des Matthäus verstanden und bildhaft zum Ausdruck gebracht wurde.

Die Gaben der Fremden

Auch die drei Gaben haben die Fantasie der Ausleger beschäftigt. In der frühen Kirche sah man im Gold einen Bezug auf die messianische Königswürde Jesu, im Weihrauch einen Hinweis auf seine göttliche Natur und in der Myrrhe – ein bitteres Gewürz – einen Bezug zu Jesu Leiden. Zeitgenössische Erklärungen sehen Hinweise auf das, was wir selbst zu bringen haben: Das Gold versinnbildlicht unsere Liebe, der Weihrauch unsere Sehnsucht und die Myrrhe unser Leiden (Anselm Grün). All das darf ich zu Jesus bringen und darauf vertrauen, dass er es annimmt und verwandelt.

Matthäus hatte solche Deutungen wahrscheinlich nicht im Auge, was ihnen ihre Berechtigung allerdings nicht nimmt. Er selbst wollte bereits ganz zu Beginn seines Evangeliums einen Hinweis darauf geben, dass sich an Jesus die Geister scheiden. Wenn es bei Lukas heißt, dass „dieser gesetzt ist zum Fall und zum Aufstehen vieler in Israel" (Lukas 2,34), oder wenn Johannes schreibt: „Er kam in sein Eigentum, aber die Seinen nahmen ihn nicht auf" (Johannes 1,11), so zeigt Matthäus dieselbe Wahrheit auf seine Weise: Die Heiden werden von Gott zu Jesus geführt und beten ihn an, aber sein eigenes Volk erkennt ihn nicht, ja sein König Herodes versucht gar, ihn umzubringen. Diese Spannung steht von Anfang an über dem Leben Jesu.

Sternwärts - heimwärts

Gott aber führt die Weisen auf einem anderen Weg zurück in ihr Heimatland. Diesen abschließenden Satz darf man auch in Bezug auf unsere inneren Wege verstehen. Mögen meine Wege nach Hause andere sein als vorher. Mögen wir anders gehen, als wir gekommen sind. Die Begegnung mit Jesus Christus hat Kraft zu dieser Veränderung.

Bruder Franziskus Joest

Es ist ein Ros entsprungen aus einer Wurzel zart,
wie uns die Alten sungen, von Jesse kam die Art
und hat ein Blümlein bracht mitten im kalten Winter
wohl zu der halben Nacht.

Das Blümlein, das ich meine, davon Jesaja sagt,
hat uns gebracht alleine Marie, die reine Magd.
Wahr´ Mensch und wahrer Gott,
hilft uns aus allem Leide, rettet von Sünd und Tod.

Was wird denn nun eigentlich anders durch Weihnachten? Jesaja spricht von einem kleinen Grün mitten im Winter. Meinte neulich einer: Klingt voll kitschig. Blumen im Schnee. Toll Jesaja! Nachname Frauenversteher. Gartenzwergaufsteller. Joghurt-Deckel-Ablecker. Baby-Po-Trocken-Föner.

Jesaja hatte aber wohl keine niedliche Blume vor Augen, denn die Zeiten waren hart, die Zedern des Libanon, die alten majestätischen Bäume, waren gefällt, der Stammbaum von König David abgehauen, skrupellos. Und da sagt der Prophet: Ein Zweig wird aus dem Stammbaum aufblühen, ein Reis, ein Sprössling aus der alten Wurzel. Das ist trotzig, widerständig, irritierend zuversichtlich: Eine andere Welt ist auf dem Weg. Wer mehr ahnt, als er sehen kann, weiß, dass unter dem Schnee der Frühling vorbereitet wird.

Ganz schlimm finde ich persönlich ja Sätze wie: Wir schenken uns nix! Dies Jahr machen wir uns mal keinen Stress mit Geschenken. Das Schenken haben wir abgeschafft. Nee. Wir ham ja auch alles. Man braucht ja eigentlich auch nix. Aber zum Brauchen waren Geschenke ursprünglich ja auch gar nicht erdacht worden. …

Ich persönlich habe zum Beispiel auch immer die Geschenke meiner Patenkinder geliebt: ein Stück rosa Knete auf einem Karton, das wohl ein Herz sein soll, aber auch eine Kartoffel sein könnte, wenn es nicht knallrot wäre. Oder ein Stern aus Glanzpapier mit Kleber – eigentlich ist es Kleber mit einem Stern dran aber, wow, du weißt, da steckt echt viel Liebe drin!

Das Schenken gehörte immer dazu … warum? Es hat wohl mit den Weisen zu tun, die originelle orientalische Gaben brachten, ein paar Socken, eine Krawatte und drei Taschentücher …
Jemand sagte mir neulich, er habe sich seit er Kind ist, gefragt, warum die einem Baby so bescheuerte Geschenke mitbringen, so ein Kind kann damit ja gar nix anfangen, vor allem aber habe er sich immer gewundert, warum Gold, Weihrauch und Möhren – warum bringen die dem aus dem Orient Möhren mit?

Immer wenn ich müde werde und das Schenken am liebsten abschaffen, aufgeben oder anderen überlassen würde, denke ich an die alte Legende von dem

Hirtenkind und der Christrose. Sie erinnert mich daran, warum Weihnachten und Geschenke zusammengehören.

Ein Hirtenkind, die kleine Layla, wollte auch zum Stall gehen, um das Neugeborene anzubeten. Als sie sich dem Stall näherte, sah sie die königlichen Gäste, die weit gereisten Weisen und ihre kostbaren Geschenke, Gold und Weihrauch und Myrrhe, und schreckte zurück. Da wurde sie traurig, weil sie kein solches Geschenk für das Kind hatte. Layla dachte, sie könne vielleicht eine Blume pflücken, musste aber schnell einsehen, dass sie im Winter keine finden würde. Und als ihr keine andere Idee kam, musste sie weinen.

Laylas Tränen fielen auf den Boden. Der wurde davon ganz nass und – so erzählt es die Legende – ließ eine Blume aufgehen, ja einen kleinen grünen Busch mit einer weißen Blüte. Layla war glücklich, pflückte die Blüte, lief zum Stall zurück und brachte als Geschenk die Blume mit. Seitdem nennt man die Blume, die im Winter noch blüht, Christrose. Ohne die Tränen hätte es sie vielleicht nie gegeben, und ohne den Wunsch zu schenken, würde sie nicht blühen.

Das Natürlichste, das Menschen tun wollen, wenn sie mit Heiligem, mit dem Göttlichen in Berührung kommen, ist schenken.

Daher üben wir zu Weihnachten, uns zu überraschen mit Schönem. Wir überlegen: Worüber würde sich die eine, der andere freuen? Was fehlt ihnen, was habe ich? Wo finde ich denn etwas? In welchen Laden meines Lebens könnte ich gehen und etwas entdecken, das anderen Freude macht?

P. S.
Neulich erzählte mir eine Freundin, ihre größte Sorge zu Weihnachten sei von jeher das mit den Geschenken. Nicht etwa, man könnte ihr das Falsche schenken oder sie selber habe etwas Falsches ausgewählt, nein, sie schenkte ausgesprochen gerne und es war einfach, etwas für sie zu finden.
Sondern ihre größte Sorge sei von jeher, in der Predigt könnte sie ermahnt werden, sie solle beim Weihnachtsfest nicht immer ans Schenken denken. Noch ein Mal: Schenken wollen ist die erste, kindlichste, natürlichste Reaktion auf jede Gottesbegegnung.

Christina Brudereck

74

Quellen

Christina Brudereck: Engelsgebet.
Dies.: Der Stern von Bethlehem
Dies.: Plädoyer für das Schenken.
Darin: Die Legende vom Hirtenkind und der
Christrose. Alle zuerst erschienen in: Christina
Brudereck: Weihnachten. Heilige Unterbrechung.
© 2011 Präsenz Verlag, Gnadenthal

Martin Buchholz: Völlig anders als erwartet. Text:
Martin Buchholz-Fiebig. Musik: Hans Werner
Scharnowski © 1997 Kawohl Verlag, Wesel

Bruder Franziskus Joest: Die Zeichen deuten. Zuerst
erschienen in: Margot Käßmann, Joachim Wanke
(Hg.): Bei uns alle Tage. Das Matthäusevangelium als
Jahresbegleiter. Verlag Herder 2004

Adrian Plass: Tommys Brief ans Postamt. Zuerst
erschienen in Adrian Plass: Adrians neuer
Adventskalender.
© 2005 Joh. Brendow & Sohn Verlag GmbH, Moers

Alle übrigen Texte sind erstmals in diesem Buch
erschienen.

Autorinnen, Autoren und die Künstlerin

Christina Brudereck ist Theologin und Schriftstellerin. Sie verbindet Kultur, Politik und Theopoesie. Mit ihrem Mann Benjamin Seipel lebt sie in der Kommunität Kirubai in Essen. Gemeinsam sind sie auch als das Duo „2Flügel" bekannt.

Martin Buchholz ist Geschichtenerzähler. Der studierte evangelische Theologe folgt dieser Passion als Filmemacher für das Fernsehen, als Liedermacher und Kabarettist auf der Bühne. Er lebt mit seiner Familie in der Nähe von Köln.

Bruder Franziskus Joest gehört seit mehr als 40 Jahren der Jesus-Bruderschaft in Gnadenthal an. Er ist evangelischer Pfarrer und Prior des Brüderzweigs der Kommunität.

Erich Koslowski ist Germanist und Leiter des Präsenz Verlags. Er lebt mit seiner Familie in Gnadenthal.

Marie-Sophie Maasburg ist Schriftstellerin und unter anderem durch ihre Bücher „Ich werde da sein wenn du stirbst" und „Juliana", die unter ihrem Geburtsnamen Lobkowicz erschienen sind, bekannt geworden. Sie ist seit 2012 verheiratet und lebt mit ihrem Mann Constantin und Sohn Leo in Kevelaer.

Iris Muhl ist Journalistin, Sachbuch- und Drehbuchautorin. Sie lebt mit ihrer Familie in Zürich.

Adrian Plass ist ein sehr erfolgreicher christlicher Autor mit typisch britischem Humor. Sein „Tagebuch eines frommen Chaoten" erlangte rasch nach seinem Erscheinen 1990 Kultstatus.

Fabian Vogt ist evangelischer Pfarrer, Schriftsteller und Künstler. Er lebt und arbeitet im Vordertaunus, teils als Theologe, teils als freischaffender Künstler und Schriftsteller. Fabian Vogt ist verheiratet und hat zwei Kinder.

Friederike Rave wurde 1970 in Flensburg geboren
und wuchs in Glücksburg an der Ostsee auf.
Sie studierte Kommunikationsdesign in Wuppertal
mit Schwerpunkt Illustration.
Zahlreiche Einzel- und Gruppenausstellungen.
Friederike Rave lebt und arbeitet in Drönnewitz
(Mecklenburg-Vorpommern) als freie Illustratorin,
Grafikerin und Malerin.

Im Präsenz Verlag sind weitere Bücher, Karten,
Kalender und Leporellos mit ihren Bildern erschienen.

Zu Seite 12-17:
Die Weihnachtsgeschichte nach dem
Lukas-Evangelium und die Illustrationen dazu
von Friederike Rave finden Sie auch in dem
Leporello „Ich verkündige euch große Freude!"
ISBN 978-3-87630-360-4 · € 3,95

www.praesenz-verlag.de